# JUSTICES de PAIX

## Compétence et Réorganisation

## LOI du 12 Juillet 1905

TEXTE IN-EXTENSO

*Complété par les articles des Codes visés par cette Loi*

### LOI du 25 Mai 1838

*(Articles 11 à 22 restés en vigueur)*

### PROCÉDURE DEVANT LES JUSTICES DE PAIX
### LOI du 13 Juillet 1905

### TABLE-SOMMAIRE DES TRAVAUX PREPARATOIRES
*(Propositions, Rapports et Discussions)*

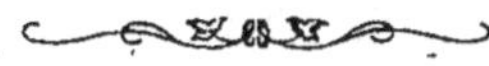

## PARIS

**LIBRAIRIE DES PUBLICATIONS OFFICIELLES ET DU BULLETIN DES LOIS**

Georges ROUSTAN, Libraire

5, 17, 17 *bis*, Quai Voltaire

*Et au bureau du Journal :* **"La Justice de Paix"**

202, rue Armand-Sylvestre, Courbevoie (Seine)

# JUSTICES de PAIX

## Compétence et Réorganisation

## LOI du 12 Juillet 1905

### TEXTE IN-EXTENSO
*Complété par les articles des Codes visés par cette Loi*

## LOI du 25 Mai 1838
### (Articles 11 à 22 restés en vigueur)

## PROCÉDURE DEVANT LES JUSTICES DE PAIX
## LOI du 13 Juillet 1905

## TABLE-SOMMAIRE DES TRAVAUX PREPARATOIRES
### (Propositions, Rapports et Discussions).

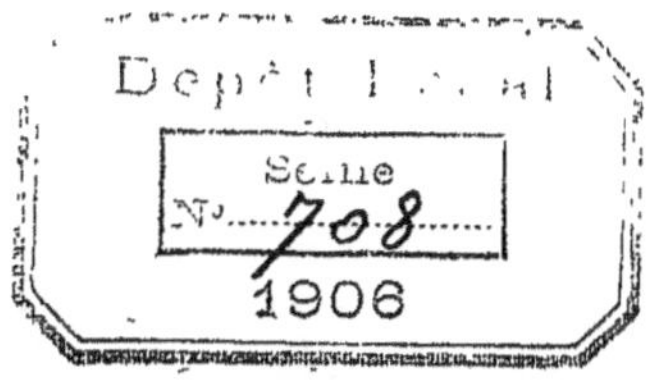

## PARIS
### LIBRAIRIE DES PUBLICATIONS OFFICIELLES ET DU BULLETIN DES LOIS
### Georges ROUSTAN, Libraire
5, 17, 17 *bis*, Quai Voltaire

*Et au bureau du Journal :* **"La Justice de Paix"**
202, rue Armand-Sylvestre, Courbevoie (Seine)

# TRAVAUX PRÉPARATOIRES

*(Propositions, Rapports et Discussions)*

## CHAMBRE DES DÉPUTÉS ET SÉNAT

---

## LOI du 12 Juillet 1905

### RÉORGANISATION ET COMPÉTENCE

SÉNAT. — 8 février 1896. — Proposition de loi, *de MM. Jules Godin, Munier, Cordelet, Demole, Chovet, Regismanset, Pazat, Hugot, Leonce de Sal.*

— 9 mars 1896. — Rapport sommaire, *par M. Morellet.*

— 16 juin 1896. — Rapport, *par M. Jules Godin.*

— 9-10 juillet 1896. — *Discussion et adoption en première délibétion.*

— 4 décembre 1896. — *Discussion et adoption en deuxième délibération.*

CHAMBRE DES DÉPUTÉS. — 12 juin 1902. — *Présentation du texte adopté par le Sénat.*

— — 27 juin 1902. — *Nouvelle proposition, par M. Cruppi.*

— — 10 juillet 1902. — *Rapport sommaire sur la proposition de M. Cruppi, par M. Léonce de Castelnau.*

— — 2ᴼ février 1903. — *Rapport sur l'ensemble, par M. Jean Cruppi.*

— — 16-18 juin 1903. — *Discussion, première délibération.*

— — 24 janvier 1904. — *Nouvelle rédaction de la Commission.*

— — 28 janvier 1904. — *Suite de la discussion.*

— — 1ᵉʳ février 1904. — *Nouvelle rédaction de la Commission. (Art. 19.)*

— — 1ᵉʳ, 4, 8 et 9 février. — *Suite de la discussion et adoption avec modifications.*

SÉNAT. — 11 février 1904. — *Retour du texte adopté avec modifications par la Chambre des Députés.*

— 17 novembre 1904. — *Rapport, par M. J. Godin.*

— 16, 17, 21, 23, 24 mars 1905. — *Discussion et adoption avec de nouvelles modifications.*

CHAMBRE DES DÉPUTÉS. — 30 mars 1905. — *Présentation du texte modifié à nouveau par le Sénat.*

— — 27 mai 1905. — *Rapport de M. Cruppi sur ces modifications.*

— — 27 juin 1905. — *Discussion, adoption définitive des modifications proposées par le Sénat.*

# JUSTICES DE PAIX

## Compétence et Réorganisation

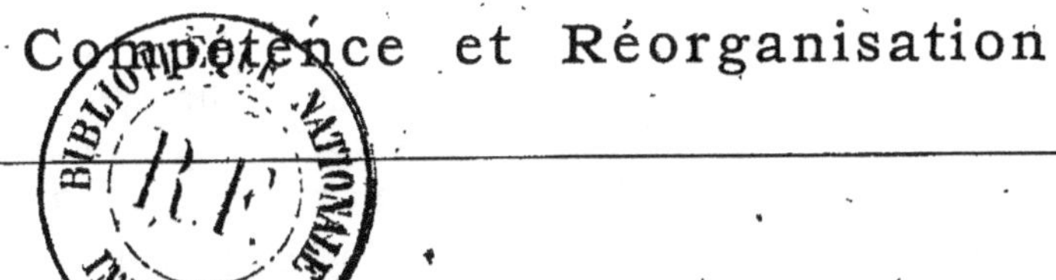

# LOI du 12 Juillet 1905

CONCERNANT :

1° La Compétence; 2° La Réorganisation
des Justices de Paix.

*(Promulguée au Journal officiel du 13 Juillet 1905)*

Le Sénat et la Chambre des Députés ont adopté,
Le Président de la République promulgue la loi dont la
teneur suit :

## TITRE PREMIER

### De la compétence civile des Juges de Paix

**Article premier.** — Les juges de paix connaissent, en matière civile, de toutes actions purement personnelles ou mobilières en dernier ressort jusqu'à la valeur de trois cents francs (300 fr.), et à charge d'appel jusqu'à la valeur de six cents francs (600 fr.).

**Art. 2.** — Les juges de paix prononcent sans appel jusqu'à la valeur de trois cents francs (300 fr.), et à charge d'appel jusqu'au taux de la compétence en dernier ressort des tribunaux de première instance, sur les contestations :

1° Entre les hôteliers, aubergistes ou logeurs et les voyageurs ou locataires en garni, leurs répondants ou cautions, pour dépense d'hôtellerie et perte ou avarie d'effets déposés dans l'auberge ou dans l'hôtel;

2° Entre les voyageurs et les entrepreneurs de transports par terre ou par eau, les voituriers ou bateliers, pour retards, frais de route et perte ou avarie d'effets accompagnant les voyageurs;

3° Entre les voyageurs et les carrossiers ou autres ouvriers, pour fournitures, salaires et réparations faites aux voitures et autres véhicules de voyage;

4° Sur les contestations à l'occasion des correspondances et objets recommandés et des envois de valeur déclarée, grevés ou non de remboursement.

Dans le cas du paragraphe 4°, la demande pourra être portée soit devant le juge de paix du domicile de l'expéditeur, soit devant le juge de paix du domicile du destinataire, au choix de la partie la plus diligente.

**Art. 3.** — Les juges de paix connaissent sans appel jusqu'à la valeur de trois cents francs (300 fr.), et à charge d'appel à quelque valeur que la demande puisse s'élever :

Des actions en payement de loyers ou fermages;

Des congés;

Des demandes en résiliation de baux fondées soit sur le défaut de payement des loyers ou fermages, soit sur l'insuffisance des meubles garnissant la maison, ou de bestiaux et ustensiles nécessaires à l'exploitation, d'après les articles 1752 (1) et 1766 (3) du Code civil, soit enfin sur la destruction de la totalité de la chose louée, prévue par l'article 1722 (2) du Code civil;

---

(1) **Cod. Civ. Art. 1752.** — Le locataire qui ne garnit pas la maison de meubles suffisants, peut être expulsé, à moins qu'il ne donne des sûretés capables de répondre du loyer.

(2) **Cod. Civ. Art. 1722.** — Si, pendant la durée du bail, la chose louée est détruite en totalité, par cas fortuit, le bail est résilié de plein droit; si elle n'est détruite qu'en partie, le preneur peut, suivant les circonstances, demander ou une diminution de prix, ou la résiliation même du bail. Dans l'un et l'autre cas, il n'y a lieu à aucun dédommagement.

(3) **Cod. Civ. Art. 1766.** — Si le preneur d'un héritage rural ne le garnit pas des bestiaux et ustensiles nécessaires à son exploitation, s'il abandonne la culture, s'il ne cultive pas en bon père de famille, s'il emploie la chose louée à un autre usage que celui auquel elle a été destinée, ou, en général, s'il n'exé-

Des expulsions de lieux;

Des demandes en validité et en nullité ou mainlevée de saisies-gageries pratiquées en vertu des articles 819 (1) et 820 (2) du Code de procédure civile, ou de saisies-revendications portant sur des meubles déplacés sans le consentement du propriétaire, dans les cas prévus aux articles 2102 (3), paragraphe premier, du Code civil et 819 (1) du Code de procédure civile, à moins que, dans ce dernier cas, il n'y ait contestation de la part d'un tiers;

Le tout lorsque les locations verbales ou écrites n'excèdent pas annuellement six cents francs (600 fr.).

Si le prix principal du bail se compose en totalité ou en partie de denrées ou prestations en nature appréciables d'après les mercuriales, l'évaluation en sera faite sur les mercuriales du jour de

---

cute pas les clauses du bail, et qu'il en résulte un dommage pour le bailleur, celui-ci peut, suivant les circonstances, faire résilier le bail.

En cas de résiliation provenant du fait du preneur, celui-ci est tenu des dommagas-intérêts ainsi qu'il est dit en l'article 1764.

(1) **Cod. Proc. Civ. Art. 819.** — Les propriétaires et principaux locataires de maisons ou biens ruraux, soit qu'il y ait bail, soit qu'il n'y en ait pas, peuvent, un jour après le commandement, et sans permission du juge, faire saisir-gager, pour loyers et fermages échus, les effets et fruits étant dans lesdites maisons ou bâtiments ruraux et sur les terres.

Ils peuvent même faire saisir-gager à l'instant, en vertu de la permission qu'ils en auront obtenue, sur requête du Président du Tribunal de première instance.

Ils peuvent aussi saisir les meubles qui garnissaient la maison ou la ferme lorsqu'ils ont été déplacés sans leur consentement; et ils conservent sur eux leur privilège, pourvu qu'ils en aient fait la revendication, conformément à l'article 2102 du Code civil.

(2) — **Art. 820.** — Peuvent les effets des sous-fermiers et sous-locataires garnissant les lieux par eux occupés, et les fruits des terres qu'ils sous-louent, être saisis-gagés pour les loyers et fermages dûs par le locataire ou fermier de qui ils tiennent; mais ils obtiendront main-levée en justifiant qu'ils ont payé sans fraude, et sans qu'ils puissent opposer des payements faits par anticipation.

(3) **Cod. Civ. Art. 2102 § 1.** — Les créances privilégiées sur certains meubles sont : 1° Les loyers et fermages des immeubles, sur les fruits de la récolte de l'année, et sur le prix de tout ce qui garnit la maison louée ou la ferme, et de tout ce qui sert à l'exploitation de la ferme, savoir : pour tout ce qui est échu et pour tout ce qui est à échoir, si les baux sont authentiques, ou si, étant sous signature privée, ils ont une date certaine; et dans ces deux cas, les autres créanciers ont le droit de relouer la maison ou la ferme pour le restant du bail, et de faire leur profit des baux ou fermages, à la charge toutefois de payer au propriétaire tout ce qui lui serait encore dû.

l'échéance, lorsqu'il s'agira du payement des fermages; dans tous les autres cas, elle aura lieu suivant les mercuriales du mois qui aura précédé la demande.

S'il comprend des prestations non appréciables d'après les mercuriales, ou s'il s'agit de baux à colons partiaires, le juge de paix déterminera la compétence en prenant pour base du revenu de la propriété le principal de la contribution foncière de l'année courante multiplié par cinq.

**Art. 4.** — Les juges de paix connaissent sans appel jusqu'à la valeur de trois cents francs (300 fr.), et à charge d'appel à quelque chiffre que la demande puisse s'élever :

Des réparations locatives des maisons ou fermes;

Des indemnités réclamées par le locataire ou fermier pour non-jouissance provenant du fait du bailleur lorsque le droit à une indemnité n'est pas contesté;

Des dégradations et pertes dans les cas prévus par les articles 1732 (1) et 1735 (2) du Code civil.

Néanmoins, le juge de paix ne connaît des pertes causées par incendie ou inondation que dans les limites posées par l'article premier de la présente loi.

**Art. 5.** — Les juges de paix connaissent également sans appel jusqu'à la valeur de trois cents francs (300 fr.), et à charge d'appel à quelque valeur que la demande puisse s'élever :

1° Des contestations relatives aux engagements respectifs des gens de travail au jour, au mois et à l'année, et de ceux qui les emploient; des maîtres, domestiques ou gens de service à gages; des maîtres ou patrons et de leurs ouvriers ou apprentis, sans néanmoins qu'il soit dérogé aux lois et règlements relatifs soit à la juridiction commerciale, soit à celle des prud'hommes, soit au contrat d'apprentissage ni aux lois sur les accidents du travail;

2° Des contestations relatives au payement des nourrices.

**Art. 6.** — Les juges de paix connaissent encore, sans appel

---

(1) **Cod. Civ. Art. 1832.** — Il répond des dégradations ou des pertes qui arrivent pendant sa jouissance, à moins qu'il ne prouve qu'elles ont eu lieu sans sa faute.

(2) **Cod. Civ. Art. 1735.** — Le preneur est tenu des dégradations et des pertes qui arrivent par le fait des personnes de la maison ou de ses sous-locataires.

jusqu'à la valeur de trois cents francs (300. fr.), et à charge d'appel à quelque valeur que la demande puisse s'élever :

1° Des actions pour dommages faits aux champs, fruits et récoltes, soit par l'homme, soit par les animaux, dans les conditions prévues par les articles 1382 à 1385 (1) du Code civil;

2° Des actions relatives à l'élagage des arbres ou haies et au curage soit des fossés, soit des canaux servant à l'irrigation des propriétés ou au mouvement des usines, lorsque les droits de propriété ou de servitude ne sont pas contestés;

3° Des actions civiles pour diffamations ou pour injures publiques ou non publiques, qu'elles soient verbales ou par écrit, autrement que par la voie de la presse; des mêmes actions pour rixes ou voies de fait, le tout lorsque les parties ne se sont pas pourvues par la voie criminelle;

4° De toutes demandes relatives aux vices rédhibitoires dans les cas prévus par la loi du 2 août 1884 (2), soit que les animaux qui en sont l'objet aient été vendus, soit qu'ils aient été échangés, soit qu'ils aient été acquis par tout autre mode de transmission;

5° Des contestations entre les Compagnies ou Administrations de chemins de fer ou tous autres transporteurs et les expéditeurs ou les destinataires relatives à l'indemnité afférente à la perte, à

---

(1) **Cod. Civ. Art. 1382.** — Tout fait quelconque de l'homme, qui cause à autrui du dommage, oblige celui par la faute duquel il est arrivé à le réparer.

— **Art. 1383.** — Chacun est responsable du dommage qu'il a causé, non seulement par son fait, mais encore par sa négligence ou par son imprudence.

— **Art. 1384.** — On est responsable non seulement du dommage que l'on cause par son propre fait, mais encore de celui qui est causé par le fait des personnes dont on doit répondre, ou des choses que l'on a sous sa garde.

Le père et la mère, après le décès du mari, sont responsables du dommage causé par leurs enfants mineurs habitant avec eux.

Les maîtres et les commettants du dommage causé par leurs domestiques et préposés dans les fonctions auxquelles ils les ont employés.

Les instituteurs et les artisans du dommage causé par leurs élèves et apprentis pendant le temps qu'ils sont sous leur surveillance.

La responsabilité ci-dessus a lieu, à moins que les père et mère, instituteurs et artisans, ne prouvent qu'ils n'ont pu empêcher le fait qui donne lieu à cette responsabilité.

Toutefois, la responsabilité civile de l'État est substituée à celle des membres de l'enseignement public.

— **Art. 1385.** — Le propriétaire d'un animal, ou celui qui s'en sert, pendant qu'il est à son usage, est responsable du dommage que l'animal a causé, soit que l'animal fut sous sa garde, soit qu'il fut égaré ou échappé.

(2) Voir *Bulletin des lois*, XII° Série, n° 1017, page 725.

l'avarie, au détournement d'un colis postal du service continental intérieur, ainsi qu'aux retards apportés à la livraison. Ces indemnités ne pourront excéder les tarifs prévus aux conventions intervenues entre les Compagnies ou autres transporteurs concessionnaires et l'Etat.

Seront considérés, à ce point de vue, comme appartenant au service continental intérieur, les colis postaux échangés entre la France continentale, la Corse, la Tunisie et l'Algérie.

Dans le cas du paragraphe 5°, la demande pourra être portée soit devant le juge de paix du domicile de l'expéditeur, soit devant le juge de paix du domicile du destinataire, au choix de la partie la plus diligente.

**Art. 7.** — Les juges de paix connaissent, à charge d'appel :

1° Des demandes en pension alimentaire n'excédant pas en totalité six cents francs (600 fr.) par an, fondées sur les articles 205, 206, 207 (1) du Code civil. S'il y a plusieurs défendeurs à la demande en pension alimentaire, ils pourront être cités devant le tribunal de paix du domicile de l'un d'eux, au choix du demandeur ;

2° Des entreprises commises dans l'année sur les cours d'eau servant à l'irrigation des propriétés et au mouvement des usines et moulins, sans préjudice des attributions de l'autorité administrative dans les cas déterminés par les lois et règlements : dénonciations de nouvel œuvre, complaintes, actions en réintégrande

---

(1) **Cod. Civ. Art. 205.** — Les enfants doivent des aliments à leurs père et mère ou autres ascendants qui sont dans le besoin. La succession de l'époux prédécédé en doit, dans le même cas, à l'époux survivant. Le délai pour les réclamer est d'un an à partir du décès et se prolonge, en cas de partage, jusqu'à son achèvement.

« La pension alimentaire est prélevée sur l'hérédité. Elle est supportée par tous les héritiers, et en cas d'insuffisance, par tous les légataires particuliers, proportionnellement à leur émolument.

« Toutefois, si le défunt a expressément déclaré que tel legs sera acquitté de préférence aux autres, il sera fait application de l'article 927 du Code civil ».

— **Art. 206.** — Les gendres et belles-filles doivent également et dans les mêmes circonstances, des aliments à leurs beau-père et belle-mère, mais cette obligation cesse : 1° Lorsque la belle-mère a convolé en secondes noces ; 2° Lorsque celui des époux qui produisait l'affinité, et les enfants issus de son union avec l'autre époux sont décédés.

— **Art. 207.** — Les obligations résultant de ces dispositions sont réciproques.

et autres actions possessoires fondées sur des faits également commis dans l'année;

3° Des actions en bornage et de celles relatives à la distance prescrite par la loi, les règlements particuliers et l'usage des lieux, pour les plantations d'arbres ou de haies, lorsque la propriété ou les titres qui l'établissent ne sont pas contestés;

4° Des actions relatives aux constructions et travaux énoncés dans l'article 674 du Code civil (1), lorsque la propriété ou la mitoyenneté du mur ne sont pas contestées;

5° Des demandes en payement des droits de place perçus par les communes ou leurs concessionnaires, lorsqu'il n'y a pas contestation sur l'interprétation de l'article ou des articles servant de base à la poursuite. L'affaire sera jugée devant le juge de paix du lieu où la perception est due ou réclamée.

**Art. 8.** — Lorsque plusieurs demandes formulées par la même partie contre le même défendeur seront réunies dans une même instance, le juge de paix ne prononcera qu'en premier ressort, si leur valeur totale s'élève au-dessus de trois cents francs (300 fr.), lors même que quelqu'une de ces demandes serait inférieure à cette somme.

Il sera incompétent sur le tout, si ces demandes excèdent, par leur réunion, les limites de sa juridiction.

**Art. 9.** — La demande formée par plusieurs demandeurs ou contre plusieurs défendeurs collectivement et en vertu d'un titre commun sera jugée en dernier ressort, si la part afférente à chacun des demandeurs ou à chacun des défendeurs dans la demande n'est pas supérieure à trois cents francs (300 fr.); elle sera jugée pour le tout en premier ressort, si la part d'un seul des intéressés excède cette somme; enfin, le juge de paix sera incompétent sur le tout, si cette part excède les limites de sa juridiction.

---

(1) **Cod. Civ. Art. 674.** — Celui qui fait creuser un puits ou une fosse d'aisance près d'un mur mitoyen ou non;

Celui qui veut y construire cheminée ou âtre, forge, four ou fourneau;

Y adosser une table;

Ou établir contre ce mur un magasin de sel ou amas de matières corrosives.

Est obligé à laisser la distance prescrite par les règlements et usages particuliers sur ces objets ou à faire les ouvrages prescrits par les règles et usages, pour éviter de nuire aux voisins.

Le présent article n'est pas applicable au cas de solidarité, soit entre les demandeurs, soit entre les défendeurs.

**Art. 10.** — Les juges de paix connaissent de toutes les demandes reconventionnelles ou en compensation qui, par leur nature ou leur valeur, sont dans les limites de leur compétence, alors même que ces demandes réunies à la demande principale excéderaient les limites de leur juridiction.

Ils connaissent, en outre, comme de la demande principale elle-même, des demandes reconventionnelles en dommages-intérêts fondées exclusivement sur la demande principale, à quelque somme qu'elles puissent monter.

**Art. 11.** — Lorsque chacune des demandes principales reconventionnelles ou en compensation sera dans les limites de la compétence du juge de paix en dernier ressort, il prononcera sans qu'il y ait lieu à appel.

Si une de ces demandes n'est susceptible d'être jugée qu'à charge d'appel, le juge de paix ne prononcera sur toutes qu'en premier ressort.

Néanmoins, il statuera en dernier ressort si seule la demande reconventionnelle en dommages-intérêts, fondée exclusivement sur la demande principale, dépasse sa compétence en premier ressort.

Si la demande reconventionnelle ou en compensation excède les limites de sa compétence, il pourra soit retenir le jugement de la demande principale, soit renvoyer sur le tout les parties à se pourvoir devant le tribunal de première instance, sans préliminaire de conciliation.

**Art. 12.** — Les juges de paix connaissent des actions en validité et en nullité d'offres réelles, autres que celles concernant les administrations de l'enregistrement ou des contributions indirectes, lorsque l'objet du litige n'excède pas les limites de leur compétence.

**Art. 13.** — Les juges de paix connaissent des demandes en validité, nullité et mainlevée de saisies sur débiteurs forains pratiquées pour des causes rentrant dans les limites de leur compétence.

En cette matière, comme en matière de saisie-gagerie et de

saisie-revendication, si les saisies ne peuvent avoir lieu qu'en vertu de la permission du juge dans les cas prévus par les articles 2102 du Code civil (1), 819 (2) et 822 (3) du Code de procédure civile, cette permission sera accordée par le juge de paix du lieu òu la saisie devra être faite toutes les fois que les causes de la saisie rentreront dans sa compétence.

S'il y a opposition pour des causes qui, réunies, excéderaient cette compétence, le jugement en sera déféré aux tribunaux de première instance.

**Art. 14.** — Les juges de paix connaissent des demandes en validité, en nullité et en mainlevée de saisies-arrêts et oppositions, — autres que celles concernant les administrations de l'enregistrement et des contributions indirectes, — ainsi que des demandes en déclaration affirmative, lorsque les causes des saisies n'excèdent pas les limites de leur compétence, sans préjudice de l'application de la loi spéciale du 12 janvier 1895 (4) sur la saisie-arrêt des salaires et des petits traitements.

En cette matière, la permission exigée à défaut de titre par l'article 558 du Code de procédure civile (5) sera délivrée par le juge de paix du domicile du débiteur et même par celui du domicile du tiers saisi, sur requête signée de la partie ou de son mandataire.

**Art. 15.** — Les juges de paix seront seuls compétents pour procéder, à défaut d'entente amiable entre les créanciers opposants et le saisi, à la distribution par contribution des sommes saisies, lorsque les sommes à distribuer n'excéderont pas six cents francs (600 fr.) de principal. Cette distribution sera faite, après le dépôt de la somme à distribuer à la Caisse des dépôts et consignations, dans les formes prévues par les articles 11 à 18 de

---

(1) Voir cet article, page 5.

(2) Voir cet article, page 5.

(3) **Cod. Proc. Civ. Art. 822.** — Tout créancier, même sans titre, peut, sans commandement préalable, mais avec permission du Président du Tribunal de première instance et même du juge de paix, faire saisir les effets trouvés en la commune qu'il habite, appartenant à son débiteur forain.

(4) Voir *Bulletin des Lois*, XII<sup>e</sup> Série, n° 1678, page 149.

(5) **Cod. Proc. Civ. Art. 558.** — S'il n'y a pas de titre, le juge du domicile du débiteur, et même celui du domicile du tiers saisi pourront, sur requête, permettre la saisie-arrêt ou opposition.

la loi du 12 janvier 1895 (1) et par le décret du 8 février suivant (2).

Si les titres des créanciers produisants sont contestés et si les causes de la contestation excèdent les limites de leur compétence, les juges de paix sursoieront au règlement de la procédure de distribution jusqu'à ce que les tribunaux compétents se soient prononcés, et leur jugement soit devenu définitif.

**Art. 16.** — Les juges de paix peuvent autoriser une femme mariée à ester en jugement devant leur tribunal, lorsqu'elle n'obtient pas cette autorisation de son mari entendu ou dûment appelé par voie de simple avertissement.

Ils peuvent aussi, dans les cas prévus à l'article 5 de la présente loi, autoriser les mineurs à ester en justice devant eux.

Dans tous les cas, il sera fait mention dans le jugement de l'autorisation donnée.

**Art. 17.** — Les juges de paix connaissent des actions en payement des frais faits ou exposés devant leur juridiction.

# TITRE II

## De l'organisation des Justices de Paix

**Art. 18.** — Il y a, dans chaque canton, y compris ceux du département de la Seine, un juge de paix et deux suppléants, sauf l'application des dispositions de l'article 41 de la loi du 25 février 1901 (3) pour les communes divisées en plusieurs cantons.

A Paris, il est créé deux places de juges de paix dont les titu-

---

(1) Voir *Bulletin des lois*, XIIᵉ Série, n° 1678, pages 151-152.

(2) Voir *Bulletin des lois*, XIIᵉ Série, n° 1687, page 516.

(3) **Loi du 26 février 1901.** — **Art. 41.** — Les justices de paix siégeant dans les communes où il y a plusieurs juges de paix peuvent être réunies sous la juridiction d'un seul magistrat par décret portant règlement d'administration publique.

laires seront seuls, avec des suppléants, chargés d'assurer le service du tribunal de police.

Il pourra également, à Paris, être créé par décret en Conseil d'Etat, un poste de suppléant nouveau par justice de paix.

**Art. 19.** — A partir de la promulgation de la présente loi, pourront seuls être nommés juges de paix :

1° Les anciens juges de paix, les licenciés en droit justifiant, ou d'un stage de deux années au moins, soit près d'un barreau, soit dans une étude de notaire ou d'avoué, ou de l'exercice, pendant deux ans, de fonctions publiques ;

2° Ceux qui auront obtenu le diplôme de bachelier en droit ou le brevet de capacité organisé par le décret du 14 février 1905 (1) et qui justifieront en outre d'un stage de trois années au moins dans une étude de notaire ou d'avoué ou de l'exercice pendant trois ans de fonctions publiques ;

3° Ceux qui, à défaut de licence en droit, auront obtenu le certificat de capacité prévu par l'article 12 de la loi du 22 ventôse an XII (2) relative aux écoles de droit et qui, en outre, auront été ·

Pendant cinq ans :

Notaires, avoués, greffiers près les Cours d'appel ou les tribunaux civils, de commerce ou de paix, receveurs ou fonctionnaires d'un ordre au moins égal dans l'Administration de l'enregistrement ;

Pendant dix ans : —

Conseillers prud'hommes pouvant justifier de trois années de fonctions comme présidents ou vice-présidents ;

4° Ceux qui, à défaut de licence ou de baccalauréat en droit ou de certificats de capacité, auront exercé pendant dix ans les fonctions de maires ou adjoints, ou conseillers généraux, à la condition d'être nommés en dehors du canton ou ils exercent ou auront excercé ou sollicité, depuis moins de deux ans, des fonctions électives ;

Membres des tribunaux de commerce, suppléants de justices de paix, conseillers de préfecture ;

---

(1) Voir ce décret, *Journal officiel* du 17 février 1905, page 1158.

(2) **Loi du 22 ventôse an XII.** — **Article 12.** — Ceux qui auront été examinés et trouvés capables sur la législation criminelle et la procédure civile et criminelle, obtiendront un certificat de capacité.

Notaires, greffiers près les Cours d'appel ou les Tribunaux civils, de commerce ou de paix, receveurs ou fonctionnaires d'un ordre au moins égal dans l'Administration de l'enregistrement;

Ceux qui auront été également, pendant dix ans, huissiers, commis greffiers près les Cours d'appel ou Tribunaux civils; clercs d'avoué ou de notaire pouvant justifier de cinq ans d'exercice comme premiers clercs dans une étude d'avoué ou de notaire de chef-lieu d'arrondissement;

Les magistrats, officiers ministériels ou fonctionnaires mentionnés dans les paragraphes 3° et 4° ci-dessus qui auront exercé plusieurs de ces fonctions pourront en ajouter la durée pour remplir les conditions exigées par ces paragraphes.

**Art. 20.** — Les juges de paix et leurs suppléants ne pourront être nommés avant l'âge de vingt-sept ans accomplis.

**Art. 21.** — Les juges de paix ne pourront être révoqués ni diminués de classe que sur l'avis d'une Commission nommée par le Garde des Sceaux et composée du Procureur Général à la Cour de cassation, de trois conseillers à la Cour de cassation et des trois directeurs au Ministère de la Justice, et après avoir été entendus s'ils le demandent.

**Art. 22.** — L'article 64 de la loi du 20 avril 1810 est modifiée ainsi qu'il suit :

« Pourront être nommés juges ou juges suppléants dans les tribunaux de première instance, même s'il n'ont pas suivi le barreau pendant deux ans, les juges de paix pourvus du diplôme de licencié en droit qui auront exercé leurs fonctions pendant deux ans. »

**Art. 23.** — Les anciens juges de paix pourront être nommés juges de paix honoraires, après vingt ans d'exercice comme suppléants ou comme titulaires, ou si des infirmités graves ou permanentes leur donnent des droits à une pension de retraite.

Les greffiers des tribunaux de paix et de police pourront être nommés greffiers honoraires après vingt années d'exercice.

**Art. 24.** — A Paris, le traitement des juges de paix est maintenu à huit mille francs (8.000 fr.); ils recevront en outre quinze cents francs (1500 fr.) par an, à titre d'indemnité pour un secrétaire.

Les juges de paix en résidence dans les autres cantons recevront :

1° Dans les villes dont la population atteint 80.000 habitants, à Versailles et dans les cantons du département de la Seine, cinq mille francs (5000 fr.);

2° Dans les villes dont la population atteint 20.000 habitants et à Chambéry, trois mille cinq cents francs (3500 fr.);

3° Dans les chefs-lieux judiciaires ou administratifs dont la population est inférieure à 20.000 habitants, ainsi que dans les cantons dont la population totale dépasse 20.000 habitants, trois mille francs (3000 fr.);

4° Dans les autres cantons, deux mille cinq cents francs (2500 fr.).

**Art. 25.** — Après sept années passées dans la même classe, les juges de paix compris dans les deux dernières catégories pourront, par décret, être élevés sur place au traitement supérieur.

**Art. 26.** — Les avocats régulièrement inscrits à un barreau sont dispensés de présenter une procuration devant les juges de paix.

Les avoués près le tribunal de première instance sont dispensés de présenter une procuration devant les justices de paix du ressort du tribunal où ils exercent leurs fonctions.

**Art. 27.** — Sont abrogés les articles 1 à 10 de la loi du 25 mai 1838 (1), l'article 5 de l'ordonnance de police du 6 novembre 1778, le paragraphe 2 de l'article 14 de l'ordonnance du 8 novembre 1780 et l'article 7 de l'ordonnance du 21 mai 1784, ainsi que toutes les dispositions contraires à celles de la présente loi.

**Art. 28.** — Toutes créations de greffes ou d'offices de notaire nécessitées par la présente loi ne pourront avoir lieu qu'à la

---

(1) Voir les articles restés en vigueur, page 18.

charge d'une indemnité incombant aux nouveaux titulaires.

L'indemnité sera fixée comme en matière de cession ou de suppression d'office.

Le présente loi, délibérée et adoptée par le Sénat et par la Chambre des Députés, sera exécutée comme loi de l'État.

Fait à Paris, le 12 juillet 1905.

Signé : EMILE LOUBET,

Par le Président de la République :

*Le Garde des Sceaux, Ministre de la Justice,*
Signé : J. CHAUMIÉ.

# LOI du 13 Juillet 1905

## Concernant la procédure devant les Justices de Paix

*(Promulguée au Journal officiel du 14 Juillet 1905)*

---

LE SÉNAT ET LA CHAMBRE DES DÉPUTÉS ONT ADOPTÉ,

LE PRÉSIDENT DE LA RÉPUBLIQUE PROMULGUE LA LOI DONT LA TENEUR SUIT

**Article unique.** — Les procédures commencées avant la promulgation de la loi sur la compétence des juges de paix et sur la réorganisation des justices de paix resteront soumises, pour la compétence et les degrés de juridiction, aux dispositions des lois antérieures.

Les juges de paix actuels des huit cantons de la banlieue de Paris conserveront leur compétence dans leur ancien ressort et continueront à tenir les audiences foraines jusqu'à l'installation des titulaires des nouvelles juridictions et de leur greffier.

Les instances introduites devant eux, conformément au paragraphe précédent, resteront de leur compétence. Ils les jugeront au siège de leur justice de paix.

La présente loi, délibérée et adoptée par le Sénat et par la Chambre des Députés, sera exécutée comme loi de l'État.

Fait à Paris, le 13 juillet 1905.

ÉMILE LOUBET.

Par le Président de la République :

*Le Garde des Sceaux, Ministre de la Justice,*
J. CHAUMIÉ.

# LOI du 25 Mai 1838 [1]

## Sur les Justices de Paix

**Art. 11.** — L'exécution provisoire des jugements sera ordonnée dans tous les cas où il y a titre authentique, promesse reconnue, ou condamnation précédente dont il n'y a point eu appel.

Dans tous les autres cas, le juge pourra ordonner l'exécution provisoire, nonobstant appel, sans caution, lorsqu'il s'agira de pension alimentaire, ou lorsque la somme n'excédera pas trois cents francs, et avec caution, au-dessus de cette somme.

La caution sera reçue par le juge de paix.

**Art. 12.** — S'il y a péril en la demeure, l'exécution provisoire pourra être ordonnée sur la minute du jugement avec ou sans caution, conformément aux dispositions de l'article précédent.

**Art. 13.** — L'appel des jugements des juges de paix ne sera recevable ni avant les trois jours qui suivront celui de la prononciation des jugements, à moins qu'il n'y ait lieu à exécution provisoire, ni après les trente jours qui suivront la signification à l'égard des personnes domiciliées dans le canton.

Les personnes domiciliées hors du canton auront, pour interjeter appel, outre le délai de trente jours, le délai réglé par les articles 73 et 1033 du Code de procédure civile.

**Art. 14.** — Ne sera pas recevable l'appel des jugements mal à propos qualifiés en premier ressort, ou qui, étant en dernier ressort, n'auraient point été qualifiés.

Seront sujets à l'appel les jugements qualifiés en dernier res-

---

(1) Articles 1 à 10, abrogés par la loi du 12 juillet 1905.

sort, s'ils ont statué, soit sur des questions de compétence, soit sur des matières dont le juge de paix ne pouvait connaître qu'en premier ressort.

Néanmoins, si le juge de paix s'est déclaré compétent, l'appel ne pourra être interjeté qu'après le jugement définitif.

**Art. 15.** — Les jugements rendus par les juges de paix ne pourront être attaqués par la voie du recours en cassation que pour excès de pouvoir.

**Art. 16.** — Tous les huissiers d'un même canton auront le droit de donner toutes les citations et de faire tous les actes devant la justice de paix. Dans les villes où il y a plusieurs justices de paix, les huissiers exploitent concurremment dans le ressort de la juridiction assignée à leur résidence. Tous les huissiers du même canton seront tenus de faire le service des audiences et d'assister le juge de paix toutes les fois qu'ils en seront requis ; les juges de paix choisiront leurs huissiers audienciers.

**Art. 17.** — Dans toutes les causes, excepté celles où il y aurait péril en la demeure et celles dans lesquelles le défendeur serait domicilié hors du canton ou des cantons de la même ville, le juge de paix pourra interdire aux huissiers de sa résidence de donner aucune citation en justice, sans qu'au préalable il n'ait appelé, sans frais, les parties devant lui.

**Art. 18.** — Dans les causes portées devant la justice de paix, aucun huissier ne pourra ni assister comme conseil ni représenter les parties en qualité de procureur fondé, à peine d'une amende de vingt-cinq à cinquante francs, qui sera prononcée sans appel par le juge de paix.

Ces dispositions ne seront pas applicables aux huissiers qui se trouveront dans l'un des cas prévus par l'article 86 du Code de procédure civile.

**Art. 19.** — En cas d'infraction aux dispositions des articles 16, 17 et 18, le juge de paix pourra défendre aux huissiers du canton de citer devant lui, pendant un délai de quinze jours à trois mois, sans appel et sans préjudice de l'action disciplinaire des tribunaux et des dommages-intérêts des parties, s'il y a lieu.

**Art. 20.** — Les actions concernant les brevets d'invention seront portées, s'il s'agit de nullité ou de déchéance des brevets, devant les tribunaux civils de première instance; s'il s'agit de contrefaçon devant les tribunaux correctionnels.

**Art. 21.** — Toutes les dispositions des lois antérieures contraires à la présente loi sont abrogées.

**Art. 22.** — Les dispositions de la présente loi ne s'appliqueront pas aux demandes introduites avant sa promulgation.

La présente loi, discutée, délibérée et adoptée par la Chambre des Pairs et par celle des Députés, et sanctionnée par nous cejourd'hui, sera exécutée comme loi de l'Etat.

Donnons en mandement à nos Cours et Tribunaux, Préfets' Corps administratifs, et tous autres, que les présentes ils gardent et maintiennent, fassent garder, observer et maintenir, et, pour les rendre plus notoires à tous, il les fasse publier et enregistrer partout où besoin sera; et, afin que ce soit chose ferme et stable à toujours, nous y avons fait mettre notre sceau.

Fait au palais des Tuileries, le 25ᵉ jour du mois de mai, l'an 1838.

Signé : LOUIS-PHILIPPE.

<table>
<tr><td>Vu et scellé du grand sceau :</td><td>Par le Roi :</td></tr>
<tr><td>Le Garde des Sceaux de France, Ministre secrétaire d'État au département de la Justice et des Cultes.<br>Signé : Barthe.</td><td>Le Garde des Sceaux de France, Ministre secrétaire d'État au département de la Justice et des Cultes.<br>Signé : Barthe.</td></tr>
</table>